AF463257

acheté 12 le 13 may 1749 sur la salle ou se montrent les machines rüe dauphine a l'hostel imperial. les places a 30 et a 15 on donnoit 3^{tt} a l'hostel de Longueville en 1738 pour voir le fluteur [illegible].

H Gravelot delin. Vivares Sculp.

LE
MÉCANISME
DU FLUTEUR
AUTOMATE,

Presenté a Messieurs de l'Académie Royale des Sciences.

Par M. VAUCANSON, *Auteur de cette Machine.*

Avec

La description d'un Canard Artificiel, mangeant, beuvant, digerant & se vuidant, épluchant ses aîles & ses plumes, imitant en diverses manieres un *Canard* vivant. Inventé par la mesme.

Et aussi

Celle d'une autre figure, également merveilleuse, jouant du Tambourin & de la Flute, suivant la relation, qu'il en a donnée dépuis son Mémoire écrit.

A PARIS,
Chez JACQUES GUERIN, Imprimeur-Libraire, Quai des Augustins.
ET SE VEND
Dans la Sale de dite figures Automates.

M. DCC. XXXVIII.
AVEC PERMISSION DU ROI.

LE MÉCANISME DU FLUTEUR AUTOMATE,

Présenté à Messieurs de l'Academie Royale des Sciences.

Par M. VAUCANSON, *Auteur de cette Machine.*

ESSIEURS,

MOINS sensible aux applaudissemens du Public, que jaloux du bonheur de mériter les vôtres, je viens vous découvrir que ce n'est qu'en suivant vos traces que je me suis soûtenu avec quelque succès dans la route que j'ai tenuë, pour l'exécution de mon Projet. Vous allez reconnoître vos leçons dans mon Ouvrage. Il ne s'est élevé que sur les solides principes de Mécanique, que j'ai puisés chez vous.

Je vous dois les réflexions que j'ai faites sur le son des Instrumens, sur la Mécanique, & sur les divers Mouvemens des parties qui servent à leur Jeu; celles que j'ai faites sur celui de la Flute Traversiere composeront la premiere Partie de ce Memoire.

 moire.

moire. Dans la feconde, j'aurai l'honneur de vous détailler les Pieces contenuës dans mon Ouvrage, leurs différens Mouvemens, & leurs Effet.

PREMIERE PARTIE.

MON premier foin a été d'examiner d'abord l'embouchure des Inftrumens à vent, de bien connoître de quelle maniere on pouvoit en tirer du fon, les parties qui y contribuoient, & comment il pouvoit être modifié.

Vous fçavez, Meffieurs, que l'embouchure d'une Flute Traverfiere différe de celle des autres Inftrumens à vent, tels que la Flute à bec, le Flageolet, & le Tuyeau d'Orgue, en ce que dans celle de ces derniers, le vent introduit dans un trou étroit, mais déterminé, vient fraper les particules du Corps de l'Inftrument, qui fe trouvent immédiatement au-deffous; fçavoir, le Bizeau: & par la promptitude de fon retour, & fa réaction fur les particules qui l'environnent, il eft obligé de fouffrir une violente collifion. Communiquant ainfi fes vibrations à toutes les particules du bois de la Flute, qui à leur tour les communiquent à tout l'air extérieur qui les environne, il produit en nous le fentiment du fon.

Mais l'embouchure dans la Flute Traverfiere eft indéterminée, en ce qu'elle confifte dans l'émiffion du vent, par une iffuë plus ou moins grande que forme l'éloignement ou la réünion des lévres, leur pofition plus ou moins proche du trou de la Flute, ou plus ou moins avancée fur le bord de ce même trou.

Toutes ces différences, que je réduis au nombre de quatre dans l'embouchure de la Flute Traverfiere, la rendent, dans fon Jeu, fufceptible d'une infinité d'agrémens & de perfections, que n'ont pas les autres Inftrumens à Vent, dont l'embouchure eft déterminée; ce que je ferai voir dans l'explication que je donnerai plus bas de ces différens Mouvemens.

Le Son étant produit d'abord par les vibrations de l'air & des particules du Corps de la Flute, n'eft déterminé que par la viteffe ou la lenteur de ces mêmes vibrations. Sont-elles obligées de fe continuer, en tems égal, dans une plus grande quantité de particules du Corps frapé? plus elles perdent de leur Mouvement, & par conféquent de leur viteffe; & ainfi devenant plus lentes dans le même tems, elles produifent un Son moins

moins vif: ce qui fait les Tons graves, autrement les Tons bas.

C'eſt ce qui arrive lorſque tous les trous de la Flute ſont bouchés. Les vibrations dans leur origine qui ſe trouvent préciſement au trou de l'embouchure, ſont obligées de ſe communiquer à toutes les particules du bois dans un même tems: elles ſe trouvent donc ſubitement ralenties, puiſque leur force ſe trouve infiniment partagée: la Flute donnera donc le ton le plus bas.

Ouvre-t'on le premier trou du bas de la Flute? les vibrations trouvent plûtôt une iſſue, qui interrompt leur continuation dans le reſte des particules du corps de la Flute: Elles en ont donc moins à frapper (le tuyeau étant racourci par l'ouverture du trou): Perdant ainſi un peu moins de leur force, puiſqu'il ſe trouve moins de particules avec qui elles ſoient obligées de ſe partager, elles auront un peu plus de viteſſe; elles ſeront plus promptes dans le même tems, elles produiront un ſon moins grave, & ce ſera un ton au-deſſus. Les autres tons hauſſeront par gradation, à meſure qu'on débouchera les trous ſupérieurs.

Quand on ſera parvenu à déboucher le trou qui ſe trouve le plus près de l'embouchure, pour lors ce trou partageant l'eſpace intérieur de la Flute en deux parties égales, les vibrations trouveront une iſſue dans le milieu du chemin qu'elles auroient à faire pour ſe continuer juſqu'au bout du tuyeau; elles ſortiront donc avec la moitié plus de leur force & de leur viteſſe, ayant la moitié moins de particules avec qui elles ſoient obligées de ſe partager; elles produiront donc un ſon double, & ce ſera l'octave. Mais comme une partie de ces vibrations ſe communique toujours à l'autre moitié du corps de la Flute, il faudra forcer un peu le vent pour produire dans ces vibrations des accélérations, qui ſuppléeront, par l'augmentation de leur mouvement, à celles qui ſe perdent dans l'autre moitié de la Flute: alors on aura une octave pleine. Ce ton ſe fait auſſi en bouchant tous les trous de la Flute, comme dans celui de la premiere octave: mais il faut doubler la force du vent, pour produire les vibrations doubles dans tout le corps de la Flute; ce qui revient au même.

C'eſt ce qui ſe pratique dans les tons de la ſeconde octave, où la poſition des doits & l'ouverture des trous ſont les mêmes que dans la premiere; on eſt obligé de donner le vent avec une double force, pour produire des vibrations doublées dans un même tems: alors tous les tons ſe trouveront doubles; c'eſt-à dire à l'octave, puiſque le ſon plus ou moins aigu conſiſte dans plus ou moins de vibrations en tems égal.

On ſera encore obligé de donner le vent avec une force triple pour former la triple octave; mais les vibrations ſi ſubitement redoublées, ne pouvant trouver une iſſue ſuffiſante dans le premier trou pour interrompre leur continuité dans le reſte du corps de la Flute, à cauſe de leur extrême viteſſe, on ſera obligé de déboucher pluſieurs trous dans le bas de la Flute; ainſi le tuyau devenant plus ouvert, les vibrations auront une iſſue plus grande, & on formera un ton plein & bien ouvert, ſans être obligé même de donner un vent tout-à-fait triple.

C'eſt par ces changemens d'ouvertures, différentes de celles qu'on eſt obligé de faire pour les tons naturels, qu'on donne une iſſue plûtôt ou plus tard, & plus ou moins grande pour former les ſemi-tons; ce qu'il faut faire auſſi dans les derniers tons hauts, où il faut donner une iſſue plûtôt, & plus grande, pour que les vibrations ne perdent pas de leur viteſſe en ſe communiquant à trop de particules du corps de la Flute.

Il ne reſte plus qu'à voir comment le vent ſe trouve modifié; quelles ſont les parties qui contribuent à l'envoyer avec plus ou moins de force dans une perſonne vivante.

La preſſion des muſcles pectoraux ſur les poûmons force l'air de ſortir des veſſicules qui le renferment. Arrivé juſqu'à la bouche par le tuyau nommé Trachée artere, il en ſort par l'ouverture que forment les deux lévres appliquées ſur le trou de la Flute. Sa plus ou moins grande force dépend premiérement de la preſſion plus ou moins grande des muſcles de la poitrine, qui le font ſortir de ſon réſervoir; ſecondement, de l'ouverture plus ou moins grande que forment les lévres à ſa ſortie: de ſorte que lorſqu'il eſt queſtion d'envoyer un vent foible, les muſcles agiſſent pour lors foiblement, & les lévres formant une large ouverture, il ſe trouve pouſſé avec lenteur; par conſéquent ſon retour produiſant des vibrations également lentes, & ralenties encore par leur communication à toutes les particules du bois de la Flute, il formera des tons bas.

Mais lorſqu'il ſera queſtion de monter à l'octave, c'eſt-à-dire de former des tons doubles, les muſcles agiront alors avec un peu

peu plus de force, & les lévres en ſe raprochant diminueront tant ſoit peu leur ouverture, le vent comprimé plus fortement, & trouvant une iſſue plus petite, redoublera de viteſſe & produira des vibrations doubles: on aura des tons doubles, c'eſt-à-dire à l'octave. A meſure qu'on voudra monter dans les tons hauts, les muſcles agiront avec plus de force, & les lévres ſe rétreſſiront proportionnellement, pour que le vent pouſſé plus vivement & forcé de ſortir dans un même tems par une iſſue plus petite, augmente conſidérablement de viteſſe, & produiſe conſéquemment des vibrations accélérées qui formeront des tons aigus.

Mais la Flute traverſiere ayant (comme je l'ai déja dit (cette différence d'avec les autres Inſtrumens à vent, en ce que ſon embouchure eſt indéterminée, les avantages qui en réſultent, ſont de ménager le vent par le plus ou le moins d'ouverture des lévres, & par leur poſition différente ſur le trou de la Flute, & de pouvoir tourner la Flute en dedans & en dehors. C'eſt par ces moiens qu'on peut enfler & diminuer les ſons, faire le doux & le fort, former des échos, donner enfin la grace, & l'expreſſion aux airs que l'on joue; avantages qui ne ſe trouvent point dans les Inſtrumens où l'embouchure eſt déterminée: ce que je vais faire voir en expliquant la Mécanique de toutes ces différentes opérations ſur la Flute traverſiere

Le ſon conſiſtant dans les vibrations de l'air, produites par ſon entrée dans la Flute & par ſon retour ſur celui qui lui ſuccéde, ſi par une poſition particuliere des lévres il entre dans toute la largeur du trou de la Flute, c'eſt-à dire, par la plus longue corde qui en eſt le vrai diametre (ce qui ſe fait en la tournant en dehors) il frappe alors une plus grande quantité de particules du bois, & à ſon retour trouvant une iſſue également grande, il ſe communique à une plus grande quantité d'air extérieur, & c'eſt ce qui produit les tons forts.

Mais lorſqu'en tournant la Flute en dedans, les lévres couvrent plus de la moitié du trou, le vent entrant par un plus petit trou, & ne pouvant retourner que par le même, pour ſe communiquer à l'air extérieur, il n'en peut frapper qu'une moindre quantité, & c'eſt ce qui rend le ſon foible; ces deux différences peuvent avoir pluſieurs dégrés, qui dépendent des lévres placées ſur une plus grande ou plus petite corde du trou de la Flute, en la tournant plus ou moins en dehors, ou en dedans.

Lorſ-

Lorſqu'il eſt donc queſtion d'enfler un ſon, on tourne d'abord la Flute en dedans, afin que les lévres s'avançant ſur le bord du trou, ne puiſſent laiſſer entrer ni ſortir qu'une petite quantité de vent, qu'on envoye alors ſoiblement pour produire un ſon foible; tournant enſuite inſenſiblement la Flute en dehors, les lévres permettront une iſſue & un retour plus grand au vent, qu'on a ſoin de pouſſer avec plus de force, pour pouvoir ſe communiquer à une plus grande quantité d'air, & parlà augmenter le ſon ou diminuer de nouveau, en retournant inſenſiblement la Flute en dedans, comme dans la premiere opération.

Toutes ces variations d'embouchure peuvent être faites dans un ſeul ton quelconque, ſoit dans le haut, ſoit dans le bas; parce que le vent, quoique pouſſé par différens degrés de viteſſe pendant ce même ton qu'on veut enfler ou diminuer, doit toujours être reglé pour produire les vibrations qui déterminent un tel ton: au commencement que le ſon ſera foible, parce qu'il frappera une plus petite quantité d'air extérieur, il ne laiſſera pas d'avoir des vibrations égales à celles qui ſeront produites dans le milieu du ton où le ſon augmentera de force, parce qu'il ſe communiquera à une plus grande quantité d'air; les vibrations plus ou moins fortes, ne dépendant pas de leur viteſſe, mais de la quantité de parties qu'elles occupent & qu'elles mettent & mouvement.

Veut-on former un ſon foible en écho? on place les lévres tout-à-fait ſur le bord du trou, en tournant beaucoup la Flute en dedans; le ſon ne pouvant alors ſe communiquer qu'à une très-petite quantité d'air extérieur, par un ſi petit trou, ſemble nous faire entendre un ſon lointain; en frappant foiblement notre organe.

Voilà des reſſources, qu'on ne peut trouver dans les Inſtrumens, où l'embouchure eſt déterminée & invariable.

Il ne reſte plus qu'à expliquer le coup de langue, qui eſt abſolument néceſſaire pour le jeu de tous les Inſtrument à vent.

Le coup de langue n'eſt autre choſe qu'une courte interruption du vent, cauſée par l'interpoſition du bout de la langue au paſſage que lui forment les lévres.

Voilà, MESSIEURS, quelles ont été mes réflexions ſur le ſon des Inſtrumens à vent, & ſur la maniere de le modifier. C'eſt ſur ces cauſes Phyſiques que j'ai eſſayé d'appuyer mes rechercherches, en imitant une ſemblable Mécanique dans un Automate, à qui j'ai taché de faire produire un ſemblable effet en le faiſant joüer de la Flute. Les parties qui le compoſent, leur ſituation, leur connexion & leurs effets, vont faire, comme je me le ſuis propoſé, la ſeconde partie de ce Mémoire.

SECONDE PARTIE.

La Figure eſt de cinq pieds & demi de hauteur environ, aſſiſe ſur un bout de Roche, placée ſur un pied d'eſtal quarré, de quatre pieds & demi de haut ſur trois pieds & demi de large.

A la face antérieure du pied d'eſtal (le panneau étant ouvert) on voit à la droite un mouvement, qui à la faveur de pluſieurs rouës, fait tourner en deſſous un axe d'acier de deux pieds ſix pouces de long, coudé en ſix endroits dans ſa longueur, par égale diſtance, mais en ſens différens: a chaque coude ſont attachés des cordons, qui aboutiſſent à l'extrémité des panneaux ſupérieurs de ſix ſoufflets de deux pieds & demi de long, ſur ſix pouces de large, rangés dans le fond du pied d'eſtal, où leur panneau inférieur eſt attaché à demeure; de ſorte que l'axe tournant, les ſix ſoufflets ſe hauſſent & s'abaiſſent ſucceſſivement les uns aprés les autres.

A la face poſtérieure, au-deſſus de chaque ſoufflet, eſt une double poulie, dont les diamétres ſont inégaux, ſçavoir, l'un de trois pouces & l'autre d'un pouce & demi; & cela, pour donner plus de levée aux ſoufflets, parceque les cordons qui y ſont attachés vont ſe rouler ſur le plus grand diamétre de la poulie, & ceux qui ſont attachés à l'axe qui les tire, ſe roulent ſur le petit.

Sur le grand diamétre de trois de ces poulies, du côté droit, ſe roulent auſſi trois cordons, qui par le moyen de pluſieurs petites poulies, aboutiſſent aux panneaux ſupérieurs de trois ſoufflets placés ſur le haut du bâti, à la face antérieure & ſupérieure.

La tenſion qui ſe fait à chaque cordon, lorſqu'il commence à tirer le panneau du ſoufflet où il eſt attaché, fait mouvoir un lévier placé au-deſſus, entre l'axe & les doubles poulies, dans la région moyenne & inférieure du bâti. Ce lévier, par différens renvois, aboutit à la ſoûpape qui ſe trouve au-deſſous du

 pan-

panneau inférieur de chaque soufflet, & la soutient levée, afin que l'air y entre sans aucune résistance, tandis que le panneau supérieur, en s'élevant, en augmente la capacité. Par ce moyen, outre la force que l'on gagne, on évite le bruit que fait ordinairement cette soûpape, causé par le tremblement que l'air lui fait faire en entrant dans le soufflet; ainsi les neuf soufflets sont mûs sans secousse, sans bruit, & avec peu de force.

Ces neufs soufflets communiquent leur vent dans trois tuyaux différens & séparés. Chaque tuyau reçoit celui de trois soufflets; les trois qui sont dans le bas du bâti, à droite par la face antérieure, communiquent leur vent à un tuyau qui regne en devant sur le montant du bâti du même côté, & ces trois là sont chargés chacun d'un poids de quatre livres; les trois qui sont à gauche dans le même rang, donnent leur vent dans un semblable tuyau qui regne pareillement sur le montant du bâti du même côté, & ne sont chargés chacun que d'un poids de deux livres; les trois qui sont sur la partie supérieure du bâti, donnent aussi leur vent à un tuyau qui regne horisontalement sous eux & en devant; ceux-ci ne sont chargés que du poids de leur simple panneau.

Ces trois tuyaux, par différens coudes, aboutissent, à trois petits réservoirs placés dans la poitrine de la Figure. La, par leur réünion, ils en forment un seul, qui montant par le gosier, vient, par son élargissement, former dans la bouche une cavité terminée, par deux especes de petites lévres qui posent sur le trou de la Flute; ces lévres donnent plus ou moins d'issue au vent par leur plus ou moins d'ouverture, & ont un mouvement particulier pour s'avancer & se reculer.

En dedans de cette cavité est une petite languette mobile, qui par son jeu peut ouvrir & fermer au vent le passage que lui laissent les lévres de la Figure.

Voilà par quel moyen le vent a été conduit jusqu'à la Flute. Voici ceux qui ont servi à le modifier.

A la face antérieure du bâti à gauche, est une autre mouvement, qui à la faveur de son rouage, fait torner un cilindre de deux pieds & demi de long sur soixante-quatre pouces de circonférence; ce cilindre est divisé en quinze parties égales, d'un pouce & demie de distance.

A la face postérieure & supérieure du bâti est un clavier trainant sur ce cilindre, composé de quinze léviers trés-mobiles, dont

dont les extrémités du côté du dedans sont armées d'un petit bec d'acier, qui répond à chaque division du cilindre.

A l'autre extrémité de ces léviers sont attachés des fils & chaînes d'acier, qui répondent aux différens réservoirs de vent, sont au nombre de trois, & leurs chaînes montent perpendiculairement derriere le dos de la Figure, jusques dans la poitrine où ils sont placés, & aboutissent à une soûpape particuliere à chaque réservoir; cette soûpape étant ouverte, laisse passer le vent dans le tuyeau de communication, qui monte, comme je l'ai déja dit, par le gosier dans la bouche.

Les léviers, qui répondent aux doigts, sont aux nombre de sept, & leurs chaînes montent aussi perpendiculairement jusqu'aux épaules, & là, se coudent pour s'insérer dans l'avant-bras jusqu'au coude, où elles se plient encore pour aller le long du bras jusqu'au poignet, où elles sont terminées chacune par une charniere, qui se joint à un tenon que forme le bout du lévier contenu dans la main, imitant l'os que les Anatomistes appellent los du Métacarpe, & qui, comme lui, forme une charniere avec l'os de la premiere phalange, de façon que la chaîne étant tirée, le doigt puisse se lever.

Quatre de ces chaînes s'insérent dans le bras droit, pour faire mouvoir les quatre doigts de cette main, & trois dans le bras gauche pour trois doigts, n'y ayant que trois trous qui répondent à cette main.

Chaque bout de doigt est garni de peau, pour imites la mollesse du doigt naturel, afin de pouvoir boucher le trou exactement.

Les léviers du clavier, qui répondent au mouvement de la bouche, sont au nombre de quatre: les fils d'acier qui y sont attachés forment des renvois, pour parvenir dans le milieu du rocher en dedans; & là, ils tiennent à des chaînes, qui montent perpendiculairement & parallelement à l'épine du dos dans le corps de la Figure; & qui passant par le col, viennent dans la bouche s'attacher aux parties, qui font faire quatre différens mouvemens aux lévres intérieures; l'un fait ouvrir ces lévres pour donner une plus grande issuë au vent; l'autre la diminue en les rapprochant; le troisiéme les fait retirer en arriere; & le quatriéme les fait avancer sur le bord du trou.

Il ne reste plus sur le clavier qu'un lévier, où est pareillement attachée une chaîne, qui monte ainsi que les autres, & vient

 abou-

aboutir à la languette, qui se trouve dans la cavité de la bouche derriere des lévres, pour emboucher le trou, comme je l'ai dit ci-dessus.

Ces quinze léviers répondent aux quinze divisions du cilindre par les bouts où sont attachés les becs d'acier, & à un pouce & demi de distance les uns des autres ; le cilindre venant à tourner, les lames de cuivre placées sur ses lignes divisées, rencontrent les becs d'acier, & les soûtiennent levés plus ou moins longues; & comme l'extrémité de tous ces becs forme entr'eux une ligne droite, parallele à l'axe du cilindre, coupant à angle droit toutes les lignes de division, toutes les fois qu'on placera à chaque ligne une lame, & que toutes leurs extrémités formeront entr'elles une ligne également droite, & parallele à celle que forme les becs des léviers, chaque extrémité de lame (le cilindre retournant) touchera & soulevera dans le même instant chaque bout de lévier; & l'autre extrémité des lames formant également une ligne droite, & parallele à la premiere par leur égalité de longeur, chacune laissera échapper son lévier dans le même tems. On conçoit aisément par-là, comment tous les léviers peuvent agir ; & concourir tous à la fois à une même opération, s'il est nécessaire.

Quand il n'est besoin de faire agir que quelques léviers, on ne place les lames qu'aux divisions où répondent ceux qu'on veut faire mouvoir: on en détermine même le tems, en les plaçant plus ou moins éloignées de la ligne que forme les becs: on fait cesser aussi leur action plûtôt ou plûtard en les mettant plus ou moins longues

L'extrémité de l'axe du cilindre du côté droit est terminée par une vis sans fin à simples filets, distans entr'eux d'une ligne & demie, & au nombre de douze; ce qui comprend en tout l'espace d'un pouce & demi de longueur, égal à celui des divisions du cilindre.

Au-dessus de cette vis est une piece de cuivre immobile, solidement attachée au bâti, à laquelle tient un pivot d'acier d'une ligne environ de diamétre, qui tombe dans une canelure de la vis, & lui sert d'écrouë; de façon que le cilindre est obligé en tournant de suivre la même direction que les filets de la vis, contenu par le pivot d'acier qui est fixe: ainsi chaque point du cilindre décrira continuellement en tournant une ligne spirale, & fera par conséquent un mouvement progressif, qui est de droite à gauche.

C'est

C'eſt par ce moyen que chaque diviſion du cilindre, déterminée d'abord ſous chaque bout de lévier, changera de point à chaque tour qu'il fera, puisqu'il s'en éloignera d'une ligne & demi, qni eſt la diſtance qu'ont les filets de la vis entr'eux.

Les bouts des léviers attachés au clavier reſtant donc immobiles, & les points du cilindre auſquels ils répondent d'abord, s'éloignant à chaque inſtant de la perpendiculaire & formant une ligne ſpirale, qui par le mouvement progreſſif du cilindre eſt toujours dirigée au même point, c'eſt-à-dire, à chaque bout de lévier; il s'enſuit que chaque bout de lévier trouve à chaque inſtant des points nouveaux ſur les lames du cilindre, qui ne ſe repétent jamais, puiſqu'elles forment entr'elles des lignes ſpirales, qui font douze tours ſur le cilindre, avant que le premier point de diviſion vienne ſous un autre lévier, que celui ſous lequel il a été déterminé en premier lieu.

C'eſt dans cet eſpace d'un pouce & demi qu'on place toutes les lames, qui forment elles-mêmes les lignes ſpirales, pour faire agir le lévier, ſous qui elles doivent toutes paſſer pendant les douze tours que fait le cilindre.

A meſure qu'une ligne change pour ſon lévier, toutes les autres changent pour le leur; ainſi chaque lévier a douze lignes de lames de 64. pouces de diamétre, qui paſſent ſous lui, & qui font entr'elles une ligne de 768. pouces de long. C'eſt ſur cette ligne que ſont placées toutes les lames ſuffiſantes pour l'action du lévier durant tout le jeu.

Il ne reſte plus qu'à faire voir comment tous différens mouvemens ont ſervi à produire l'effet que je me ſuis propoſé dans cet Automate, en les comparant avec ceux d'une perſonne vivante.

Eſt il queſtion de lui faire tirer du ſon de ſa Flute, & de former le premier ton, qui eſt le *ré* d'en bas? Je commence d'abord à diſpoſer l'embouchure; pour cet effet, je place ſur le cilindre une lame deſſous le lévier, qui répond aux parties de la bouche, ſervant à augmenter l'ouverture que font les lévres. Secondement, je place une lame ſous le lévier, qui ſert à faire reculer ces mêmes lévres. Troiſiémement, je place une lame ſous le lévier, qui ouvre la ſoûpape du réſervoir du vent qui vient des petits ſoufflets, qui ne ſont point chargés. Je place en dernier lieu une lame ſous le lévier, qui fait mouvoir la languette pour donner le coup de langue; de façon que ces lames venant à toucher dans le même tems les quatre léviers, qui servent à produire les susdites opérations, la Flute sonnera le *ré* d'en bas.

Par l'action du lévier qui sert à augmenter l'ouverture des lévres, imite l'action de l'homme vivant, qui est obligé de l'augmenter dans les tons bas.

Par le lévier qui sert à faire reculer des lévres, j'imite l'action de l'homme, qui les éloigne du trou de la Flute en la tournant en dehors.

Par le lévier qui donne le vent provenant des soufflets, qui ne sont chargés que de leur simple panneau, j'imite le vent foible que donne alors l'homme, vent qui n'est pareillement poussé hors de son réservoit, que par une légere compression des muscles de la poitrine.

Par le lévier qui sert à faire mouvoir la languette, en débouchant le trou que forment les lévres pour laisser passer le vent, j'imite le mouvement que fait aussi la langue de l'homme, en se retirant du trou pour donner passage au vent, & par ce moyen lui faire articuler une telle note.

Il résultera donc de ces quatre opérations différentes, qu'en donnant un vent foible, & le faisant passer par une issuë large dans toute la grandeur du trou de la Flute, son retour produira des vibrations lentes, qui seront obligées de se continuer dans toutes les particules du corps de la Flute, puisque tous les trous se trouveront bouchés, & suivant le principe établi dans mes réflexions ci-dessus, la Flute donnera un ton bas; c'est ce qui se trouve confirmé par l'expérience.

Veux-je lui faire donner le ton au-dessus, sçavoir le *mi*, aux quatre premieres opérations pour le *ré*, j'en ajoûte une cinquiéme; je place une lame sous le lévier, qui fait lever le troisiéme doigt de la main droite pour déboucher le sixiéme trou de la Flute, & je fais approcher tant soit peu les lévres du trou de la Flute, en baissant tant soit peu la lame du cilindre, qui tenoit le lévier élevé pour la premiere note, sçavoir le *ré*. Ainsi donnant plûtôt aux vibrations une issuë, en débouchant le premier trou du bout, suivant ce que j'ai dit ci-dessous, la Flute doit sonner un ton au-dessus; ce qui est aussi confirmé par l'expérience

Toutes ces opérations se continuent à peu-près les mêmes dans les tons de la premiere octave, où le même vent suffit pour

pour les former tous; c'eſt la différente ouverture des trous, par la levée des doigts, qui les caractériſe: on eſt ſeulement obligé de placer ſur le cilindre des lames ſous les léviers, qui doivent lever les doigts pour former un tel ton.

Pour avoir les tons de la ſeconde octave, il faut changer l'embouchure de ſituation, c'eſt-à-dire, placer une lame deſſous le lévier, qui contribue à faire avancer les lévres au-delà du diamétre du trou de la Flute, & imiter par-là l'action de l'homme vivant, qui en pareil cas tourne la Flute un peu en dedans.

Secondement il faut placer une lame ſous le lévrier, qui en faiſant raprocher les deux lévres, diminue leur ouverture; opération que fait pareillement l'homme, quand il ſerre les lévres pour donner une moindre iſſuë au vent.

Troiſiémement, il faut placer une lame ſous le lévier, qui fait ouvrir la ſoûpape du reſervoir, qui contient le vent provenant des ſoufflets chargés du poids de deux livres; vent, qui ſe trouve pouſſé avec plus de force, & ſemblable à celui que l'homme vivant pouſſe par une plus forte compreſſion des muſcles pectoraux. De plus on place des lames ſous les léviers néceſſaires pour faire lever les doigts qu'il faut.

Il s'enſuivra de toutes ces différentes opérations, qu'un vent envoyé avec plus de force, & paſſant par une iſſue plus petite, redoublera de viteſſe, & produira par conſéquent les vibrations doubles, & ce ſera l'octave.

A meſure qu'on monte dans les tons ſupérieurs de cette ſeconconde octave, il faut de plus en plus ſerrer les lévres, pour que le vent, dans un même tems, augmente de viteſſe.

Dans les tons de la troiſiéme octave, les mêmes léviers qui vont à la bouche, agiſſent comme dans ceux de la ſeconde, avec cette différence, que lés lames ſont un peu plus élevées: ce qui fait que les lévres vont tout-à fait ſur le bord du trou de la Flute, & qne le trou qu'elles forment devient extrémement petit. On ajoûte ſeulement une lame ſous le lévier qui fait ouvrir la ſoûpape, pour donner le vent qui vient des ſoufflets les plus chargés, ſçavoir, du poids de quatre livres. Par conſéquent, le vent pouſſé avec une plus forte compreſſion, & trouvant une iſſue encore plus petite, augmentera de viteſſe en raiſon triple: on aura donc le triple octave

Il ſe trouve des tons, dans toutes ces différentes octaves, plus

plus difficiles à rendre les uns que les autres; on eſt pour lors obligé de les ajuſter en plaçant des lévres ſur une plus grande ou plus petite corde du trou de la Flute, en donnant un vent plus ou moins fort, ce que fait l'homme dans les mêmes tons, où il eſt obligé de ménager ſon vent, & de tourner la Flute plus ou moins en dedans ou en dehors.

On conçoit facilement que toutes les lames placées ſur le cilindre ſont plus ou moins longues, ſuivant le tems que doit avoir chaque note, & ſuivant la différente ſituation où doivent ſe trouver les doigts pour les former: ce que je ne détaillerai point ici, de crainte de paſſer les bornes d'un Mémoire concis, que je me ſuis propoſé de donner.

Je ferai remarquer ſeulement que dans les enflemens de ſon, il a fallu, pendant le tems de la même note, ſubſtituer imperceptiblement un vent foible à un vent fort, & à un plus fort, un plus foible, & varier conjointement les mouvemens des lévres, c'eſt à-dire, les mettre dans leur ſituation propre pour chaque vent.

Lorſqu'il a fallu faire le deux, c'eſt-à dire, imiter un écho, on a été obligé de faire avancer les lévres ſur le bord du trou de la Flute, & envoyer un vent ſuffiſant pour former un tel ton; mais dont le retour, par une iſſue auſſi petite, qu'eſt celle de ſon entrée dans la Flute, ne peut frapper qu'une petite quantité d'air extérieur: ce qui produit, comme je l'ai dit cideſſus, ce qu'on appelle écho.

Les différens airs de lenteur & de mouvement ont été meſurés ſur le cilindre, par le moyen d'un lévier, dont une extrémité armée d'une pointe pouvoit, lorſqu'on frappoit deſſus, marquer ce même cilindre.

A l'autre bras du levier étoit un reſſort, qui faiſoit promptement relever la pointe.

On lâchoit le mouvement, qui faiſoit tourner le cilindre avec une viteſſe déterminée pour tous les airs.

Dans le même tems une perſonne joüoit ſur la Flute l'air qu'on vouloit meſurer; un autre battoit la meſure ſur le bout du lévier qui pointoit le cilindre, & la diſtance qui ſe trouvoit entre les points, étoit la vraie meſure des airs qu'on vouloit noter; on ſubdiviſoit enſuite les intervales en autant de parties que la meſure avoit de tems.

La crainte de vous ennuyer, MESSIEURS, me fait paſſer ſur mille petits détails moins difficiles à ſuppoſer, que longs à faire; on en ſent la néceſſité à la ſeule inſpection de la machine, comme je l'ai ſentie dans l'exécution.

Après avoir puiſé dans vos Mémoires, les principes qui m'ont guidé, je ſerois ſatisfait, MESSIEURS, ſi j'oſois me flater de vous en voir reconnoître une aſſez heureuſe application dans l'exécution de cet Ouvrage. Je trouverai dans l'approbation que vous daignerez lui donner, le plus glorieux prix de mon travail, & j'acquérerai de nouvelles forces dans un eſpoir encore bien plus flateur, qui fait mon unique ambition.

EXTRAIT

Des Régistres de l'Académie Royale des Sciences.

Du 30. Avril 1738.

L'Académie ayant entendu la lecture d'un Mémoire de M. de Vaucanson, contenant la description d'une Statue de bois, copiée sur le Faune en marbre de Coysevaux, qui joue de la Flute traversiere, sur laquelle elle exécute douze airs différens, avec une précision qui a mérité l'admiration du public, & dont une grande partie de l'Académie a été témoin ; elle a jugé que cette machine étoit extrémement ingénieuse, que l'Auteur avoit sçû employer des moyens simples & nouveaux, tant pour donner aux doigts de cette Figure, les mouvemens nécessaires, que pour modifier le vent qui entre dans la Flute en augmentant ou diminuant sa vitesse, suivant les différens tons, en variant la disposition des lévres, & faisant mouvoir une soûpape qui fait les fonctions de la langue; enfin, en imitant par art tout ce que l'homme est obligé de faire; & qu'outre cela, le Mémoire de M. de Vaucanson avoit toute la clarté & la précision dont cette matiére est susceptible : ce qui prouve l'intelligence de l'Auteur, & ses grandes connoissances dans les différentes parties de Mécanique. En foi de quoi j'ai signé le présent Certificat. A Paris, ce 3 Mai 1738.

FONTENELLE,

Sécret. perp. de l'Acad. Royale des Sciences.

LETTRE

De M. VAUCANSON, *à M. l'Abbé D. F.*

LEs nouveaux Automates, Monſieur, que je compte expoſer le Lundi de Pâques prochain, & auſquels ſera joint mon Flûteur, ſont 1°. un Canard, dans lequel je repréſente le mécaniſme des viſcéres deſtinés aux fonctions du boire, du manger, & de la digeſtion; le jeu de toutes les parties néceſſaires à ces actions y eſt exactement imité: il allonge ſon cou pour aller prendre du grain dans la main, il l'avale, le digere, & le rend par les voyes ordinaires tout digeré; tous les geſtes d'un Canard qui avale avec précipitation, & qui redouble de viteſſe dans le mouvement de ſon goſier, pour faire paſſer ſon manger juſque dans l'eſtomac, y ſont copiés d'aprés nature: l'aliment y eſt digeré comme dans les vrais animeaux, par diſſolution, & non par trituration, comme le prétendent pluſieurs Phyſiciens; mais c'eſt ce que je me réſerve à traiter & à faire voir dans l'occaſion. La matiere digerée dans l'eſtomac eſt conduite par des tuyaux, comme dans l'animal par ſes boyaux, juſqu'à l'anus, où il y a un ſphincter qui en permet la ſortie.

Je ne prétens pas donner cette digeſtion pour une digeſtion parfaite, capable de faire du ſang & des parties nourricieres pour l'entretien de l'animal; on auroit mauvaiſe grace, je crois, à me faire ce reproche. Je ne prétend qu'imiter la mécanique de cette action en trois choſes, qui ſont 1°. d'avaler le grain; 2°. de le macérer, cuire ou diſſoudre; 3°. de le faire ſortir dans un changement ſenſible.

Il a cépendant fallu des moyens pour les trois actions, & les moyens mériteront peut être quelque attention de la part de ceux qui demanderoiént davantage. Ils verront les expédiens qu'on a employés pour faire prendre le grain au Canard artificiel, le lui faire aſpirer juſque dans ſon eſtomac, & là, dans un petit eſpace, conſtruire un laboratoire chymique, pour en décompoſer les principales parties intégrantes, & le faire ſortir à volonté, par des circonvolutions de tuyaux, à une extrêmité de ſon corps toute oppoſée.

Je ne crois pas que les Anatomiſtes ayent rien à déſirer ſur la conſtruction de ſes aîles. On a imité, os par os, toutes les éminences qu'ils appellent apophyſes. Elles y ſont régulièrement obſervées comme les differentes charnieres : les cavités, les courbes, les trois os qui compoſent l'aîle, y ſont très-diſtincts. Le premier qui eſt l'homerus, a ſon mouvement de rotation en tout ſens, avec l'os qui fait l'office d'omoplate ; le ſecond os qui eſt le cubitus de l'aîle, a ſon mouvement avec l'homerus, par une charniere, que les Anatomiſtes appellent par-ginglime ; le troiſiéme, qui eſt le radius, tourne dans une cavité de l'homerus, & eſt attaché par ſes autres bouts aux petits os du bout de l'aîle, de même que dans l'animal. L'inſpection de la machine fera mieux connoître l'imitation de la nature qu'un plus long détail, qui reſſembleroit trop à une explication anatomique.

Pour faire connoître que les mouvemens de ces aîles ne reſſemblent point à ceux qu'on voit dans les grands chefs-d'œuvres du Coq de l'Horloge de Lyon & de Strasbourg, toute la mécanique du Canard artificiel ſera vûë à découvert, mon deſſein étant plûtôt de démontrer, que de montrer ſimplement une machine. Peut-être que quelques Dames, ou des gens qui n'aiment que l'extérieur des animaux, auroient mieux aimé le voir tout couvert ; mais outre que cela m'a été demandé, je ſuis bien aiſe qu'on ne prenne pas le change, & qu'on voye tout l'ouvrage intérieur.

Je crois que les perſonnes attentives, ſentiront la difficulté qu'il y a eu de faire faire à mon Automate tant de mouvemens differens ; comme lorſqu'il s'éléve ſur ſes pates, & qu'il porte ſon cou à droite & à gauche. Ils connoîtront tous les changemens des differens points d'appui ; ils verront même que ce qui ſervoit de point d'appui à une partie mobile, devient à ſon tour mobile ſur cette partie, qui devient fixe à ſon tour ; enfin ils découvriront une infinité de combinaiſons mécaniques.

Tou-

Toute cette machine joüe sans qu'on y touche , quand on l'a montée une fois.

J'oubliois de vous dire, que l'animal boit, barbotte dans l'eau, croasse comme le Canard naturel. Enfin j'ai tâché de lui faire faire tous les gestes d'après ceux de l'animal vivant, que j'ai consideré avec attention.

Le second Automate, est le Joüeur de tambourin, planté tout droit sur son pied d'estal, habillé en Berger danseur, qui joüe une vingtaine d'airs, menuets, rigaudons ou contredanses.

On croiroit d'abord que les difficultés ont été moindres qu'au *Flûteur* Automate ; mais sans vouloir élever l'un pour rabaisser l'autre, je prie de faire réflexion qu'il s'agit de l'instrument le plus ingrat, & le plus faux par lui-même ; qu'il a fallu faire articuler une flute à trois tous, où tous les trous dépendent du plus ou moins de force du vent, & de trous bouchés à moitié ; qu'il a fallu donner tous les vents différens, avec une vitesse que l'oreille a de la peine à suivre, donner des coups de langue à chaque note, jusque dans les doubles croches, parce que cet instrument n'est point agréable autrement. L'Automate surpasse en cela tous nos joüeurs de tambourin, qui ne peuvent remuer la langue avec assez de légereté, pour faire une mésure entiere de doubles croches, toutes articulées. Ils en coulent la moitié, & mon Tambourin joüe un air entier avec des coups de langue à chaque notte.

Quelle combinaison de vents n'a t'il pas fallu trouver pour cet effet ? J'ai fait aussi des découvertes, dont on ne se seroit jamais douté ; auroit-on cru que cette petite flutte est un des instrumens à vent qui fatiguent le plus la poitrine des joüeurs ?

Les muscles de leur poitrine font un effort équivalent à un poids de 56 livres pésant puisqu'il me faut cette même force de vent, c'est-à-dire, un vent poussé par cette force ou cette pésanteur, pour former le *si* d'en haut, qui est la derniere note où cet instrument puisse s'étendre. Une once seule fait parler la premiere notte, qui est le *mi* : jugés quelle division de vent il a fallu faire, pour parcourir toute l'étenduë du flageolet Provençal.

Ayant ſi peu de poſitions de doigts differentes, on croiroit peut être qu'il n'a fallu de differents vents qu'autant qu'il y a de differentes notes: point du tout. Le vent qui fait parler, par exemple, le *ré* à la ſuite de l'*ut*, le manque abſolument, quand le même *re* eſt à la ſuite du *mi* au-deſſus, & ainſi des autres notes. Qu'on calcule, on verra qu'il m'a fallu le double de differents vents, ſans compter les diéſes, pour leſquels il faut toûjours un vent particulier; je vous avoüerai de bonne-foi, que je ſuis moi-même étonné de le voir jouër avec une combinaiſon ſi variée, & j'ai été plus d'une fois prêt à déſeſpérer de la réuſſité; mais le courage & la patience ont eu la victoire.

Ce n'eſt pas le tout ce flageolet n'occupe qu'une main; l'Automate tient de l'autre une baguette, avec laquelle il bat du tambour de Marſeille. Coups ſimples & doubles, roulemens variés à tous les airs, & accompagnant en meſure les mêmes airs qu'il joûe avec ſon flageolet de l'autre main. Ce mouvement n'eſt pas un des plus aiſés de la machine. Il eſt queſtion de frapper tantôt plus fort, tantôt plus vîte, & de donner toujours un coup ſec, pour tirer du ſon du tambour. Cette mécanique conſiſte dans une combinaiſon infinie de leviers & de reſſorts différens, tous mus avec aſſez de juſteſſe pour ſuivre l'air; ce qui ſeroit trop long à détailler. Enfin cette machine a quelque reſſemblance avec celle du Flûteur; mais elle a des moyens biens differens.

Appro-

Approbation du Censur Royal.

J'AY lû par ordre de Monseigneur le Chancelier, un Manuscrit intitulé : *Mécanisme du Fluteur Automate, presenté à Messieurs de l'Académie Royale des Sciences, par M. Vaucanson, Auteur de cette Machine.* M Vaucanson, expose dans son Mémoire les principes Phisiques qu'il a employés pour l'invention & l'exécution de son Automate, qui est une des plus merveilleuses productions de l'art ; il imite si parfaitement le vrai Joueur de Flute, que le Public continue de le voir & de l'entendre avec admiration ; ainsi, nous croyons que l'impression du Mémoire de M. Vaucanson sera trés-utile pour satisfaire pleinement la curiosité du Public. Fait a Paris ce 11 Juin 1738.

H. PITOT.

www.ingramcontent.com/pod-product-compliance
Ingram Content Group UK Ltd.
Pitfield, Milton Keynes, MK11 3LW, UK
UKHW020230180726
13838UKWH00005B/2299